走遍世界很简单

ZOUBIAN SHIJIE HENJIANDAN

越南大探秘

YUENAN DATANMI

知识达人 编著

成都地图出版社

图书在版编目（CIP）数据

越南大探秘/知识达人编著. — 成都：成都地图
出版社，2017.1（2021.10 重印）
（走遍世界很简单）
ISBN 978-7-5557-0265-8

Ⅰ.①越… Ⅱ.①知… Ⅲ.①越南—概况 Ⅳ.
① K933.3

中国版本图书馆 CIP 数据核字 (2016) 第 079884 号

走遍世界很简单——越南大探秘

责任编辑：魏玲玲
封面设计：纸上魔方

出版发行：成都地图出版社
地　　址：成都市龙泉驿区建设路 2 号
邮政编码：610100
电　　话：028 - 84884826（营销部）
传　　真：028 - 84884820

印　　刷：唐山富达印务有限公司
（如发现印装质量问题，影响阅读，请与印刷厂商联系调换）

开　　本：710mm×1000mm　1/16
印　　张：8　　　　　　　字　　数：160 千字
版　　次：2017 年 1 月第 1 版　印　　次：2021 年 10 月第 4 次印刷
书　　号：ISBN 978-7-5557-0265-8
定　　价：38.00 元

前 言

　　美丽的大千世界带给我们无限精彩的同时，也让我们产生很多疑问：世界上到底有多少个国家？美国到底在什么地方？为什么奥地利有那么多知名的音乐家？为什么丹麦被称为"童话之乡"？……相信这些问题经常会萦绕在小读者的脑海中。

　　为了解答这些问题，我们精心编写了这套《走遍世界很简单》系列丛书，里面包含了世界各国丰富的自然、地理、历史以及人文等社会科学知识，充满了趣味性和可读性，力求让小读者掌握最全面、最准确的知识。

　　本系列丛书人物对话生动有趣，文字浅显易懂，并配有精美的插图，是一套能开拓孩子视野、帮助孩子增长知识的丛书。现在，就让我们打开这套丛书，开始奇特的环球旅行吧！

大胡子叔叔

詹姆斯·肖，美国人，是位不折不扣的旅行家和探险家，足迹遍布世界各地。因为有着与肯德基爷爷一样浓密的胡子，所以被孩子们亲切地称为"大胡子叔叔"。

吉米

10岁的美国男孩，跟随在大使馆工作的父母居住在中国，是大胡子叔叔的亲侄子。他活泼好动，古灵精怪，对世界充满好奇。

映真

11岁的韩国男孩，他汉语说得不好，但英语说得很流利。他性格沉稳，遇事临危不乱。

花花

10岁的中国女孩，自理能力差，有一点点任性和霸道。她的父母与映真的父母是很要好的朋友。

目　录

引　言　1

第 1 章　民族的盛会　6

第 2 章　好厉害的剑　14

第 3 章　为自由而战　21

第 4 章　人生的艺术　28

第 5 章　夜色中的木偶戏　34

第 6 章　海中的怪兽　40

第 7 章　闯入"鬼城"　47

第 8 章　皇宫外的小吃　55

第 9 章　　穿越时空的回忆　61

第 10 章　　万紫千红总是美　67

第 11 章　　沉默的回忆　74

第 12 章　　美妙的海底世界　80

第 13 章　　吃人的蜘蛛　89

第 14 章　　我要当皇帝　95

第 15 章　　晃悠悠的小火车　102

第 16 章　　探索桃花源　108

第 17 章　　富国岛之旅　115

引 言

　　"大胡子叔叔，我们是不是又该去哪里游玩了呢？我闲得都快发霉了！"吉米皱着眉头，对窝在沙发上发呆的大胡子叔叔抱怨着。大胡子叔叔已经有好几个月都没有带他们出去了。在家里，人的思维和脚步总是要受到很大的限制，对活泼好动的吉米来讲，确实有些委屈。

　　"大胡子叔叔肯定已经有安排啦，只是懒得告诉你！一点都不沉稳，你看人家映真，一点都不着急！"向来喜欢和吉米斗嘴的花花毫不客气地抢白，气得吉米冲她翻白眼。

"也不知道是谁昨天还说一定要催催大胡子叔叔呢！映真，你记得是谁这么没耐性么？"吉米有些得意，故意不看花花，跑到沙发另一头的映真身边，亲热地追问。

花花急得直跺脚，差点跑过去把映真拉过来，强制他站在自己这边。幸亏映真只轻轻地说了一句："我要看电视！你们俩吵架不要拉上我！"说罢，映真就谁也不理，自顾自地盯着电视机。

被花花得意地看着，吉米不由得有点泄气，只好把求助的目光投向大胡子叔叔，期待着他能拯救自己于水火："其实大胡子叔

叔正打算告诉我们要去哪里了，快说吧！"

看着孩子们纯真又热切期盼的小脸，大胡子叔叔心里一阵高兴，几乎是脱口而出："这次，我们就往南走吧！"

"往南？南极吗？还是南美洲？澳大利亚？"吉米一听真的要出去，顿时热情高涨，脑子也越发活络。

"我才不要去南极！冻死人啦！"花花大声嚷嚷，发表着自己的观点，"不过澳大利亚还不错！真的去澳大利亚吗？"

看着吉米和花花热情洋溢的小脸，大胡子叔叔却微笑着不说话，只是看向了映真，希望映真也发表自己的意见。

映真看到大胡子叔叔说去南方后就一直在看着他们三个人，又从大胡子叔叔希冀的目光中看到对自己的期盼，就略微思索了一下，问："大胡子叔叔说的应该是越南吧？"

"为什么呢？"大胡子叔叔还是一脸微笑，不过心里已经在赞叹映真的聪明和细致了。其实，大胡子叔叔的确选定了越南，主要原因是前几天他的一个老朋友送了他一罐咖啡，那醇厚的味道简直让人陶醉。于是，大胡子叔叔就打算带大家去咖啡的产地——越南旅行，看看这美味的咖啡是怎么生产出来的！

"因为大胡子叔叔这几天总是夸越南的咖啡好喝，而且还比较关注越南的资讯。"映真肯定地说。恰恰此时，电视的屏幕中出现了越南的新闻。这番话听得花花和吉米一阵咋舌，这都可以猜出来，不得不佩服啊！

"哈哈，聪明！那我们明天就向越南出发！"大胡子叔叔像发号施令的将军般一挥手，满脸红光。

"耶！听说越南好吃的很多哦。我得赶紧上网查查。"吉米咽了咽口水，朝电脑冲去。

"我要带上最漂亮的衣服！"花花也高兴地跳起来，一个转身就冲回了房间。

顿时，屋子里就只剩下映真和大胡子叔叔无奈地相视一笑。

第1章　民族的盛会

坐在晃晃悠悠的火车上还是比较枯燥的，还好越南靠近赤道，即使在大冬天里，外面的植被也不会逊色，一路

上都有唯美的风景。窗外山清水秀，绿树成荫，让大胡子叔叔和映真的心情格外好。只可惜，他们身边还有两只叽叽喳喳的"百灵鸟"叫个不停，闹腾得大胡子叔叔和映真无法安心欣赏窗外的美景。

大胡子叔叔还真是会挑地方！他们要入住的宾馆竟然是一个经典的越南民宅，整座建筑的布局有些类似老北京的四合院，却相对要大很多，房屋也略低矮些。大门的上方悬挂着几只大红色的灯笼，灯笼上面写着宾馆的中英文和越南文名字，并画了些花鸟来镶边。而大门正对着的街道对面，就是一条蜿蜒而下的潺潺河流。河水清澈宁静，映着岸边隐隐有些绿意的

树，越发显得温婉优雅。

民宅红瓦顶和鹅黄的墙面，配上带一些复古风格的红门窗，显得非常古朴典雅。除了正对门的主房，门的两侧还有辅房。其中砖木的辅房做了厨房，另一面的茅草顶辅房则做了库房和牲畜养殖处。院子很宽大，甚至还有一处清澈的池塘和几棵果树。

"好了，把东西放下收拾一下，我带你们到市集上逛逛！"很明显，大家对住处非常满意，也对越南之行更多了几分期待，大胡子叔叔索性决定直接带着他们去逛一逛。

"OK！我好了！"花花把东西拿进房间就迫不及待地换了条漂亮裙子出来了。

吉米和映真也陆续出来了，大胡子叔叔已经向宾馆的人咨询好了路线，看到他们就高兴地招呼大家："走吧，我们太幸运了，正好赶上北河市集。逛集去喽！"

"北河诗集？越南也有诗？但是我们不懂越南语啊！"映真的中文还是不过关，再次让大家捧腹大笑。

"不是啦，是'市场'的'市'，就是很热闹的市场，有很多卖东西的和买东西的。"花花耐心地解释着，不过粗心大意的她肯定没想过映真到底能不能理解自己并不浅显的解释。

"其实就是很多人在卖东西和买东西啦，去看看就知道啦。"吉米豪放地拉着映真就往前跑，花花自然不甘示弱。大胡子叔叔担心他们跑丢了，迈着长腿也跟了上去。四个人很快到了以热闹和绚丽多姿著称的北河市集。

一到市集，花花就被眼前的五彩斑斓迷住了。市集上人果然特别多，各种小吃、水果、咖啡到服装鞋袜等一应俱全。但是最吸引人的，是市集上这些人的穿戴，都别具特色。

比如前面那位姐姐，穿着大红色底子上绣了各种精致花鸟、长度到膝盖的对襟衣服，同色的精致绣花鞋和裤子，胳膊上戴了好多细细的银色手镯，头上插满了银簪和其他花饰，光彩夺目的银耳坠挂在耳朵上，随着走动摇曳生姿，衬得姐姐红润的脸庞更显顾盼生辉了。

而旁边，还有一些说说笑笑的姐姐们走过来。一身绚丽的衣装俏丽多姿，上衣的衣襟、袖口，甚至在裤脚处都绣有繁复的奇特花纹，再加上头上插着的五彩珠子和银钗，映着红润的健康肤色，姐姐们真的太漂亮啦！

　　相比之下，自己这条百合花状的裙子简直太朴素、太不起眼了！花花懊恼不已，她丝毫不记得，在几分钟前，它还是自己最喜欢的裙子。

　　大胡子叔叔仿佛看出了花花的心事，拍拍她的肩膀，说："越南虽然地方小，却有54个民族。每个民族都有自己独特的民族文化和服饰风格，越南花瑶族和苗族尤其擅长刺绣和银饰制作，一般人当然不及了！不过花花还是很漂亮的。而且你穿的这条裙子在这些民族服装中反而更突出了呢。"

　　"真的吗？"花花再瞅瞅那些美

丽的大姐姐，终于有些释然了，但是左手却一不小心碰到了旁边的一个小姑娘。才四五岁的小姑娘明显有些受惊，花花赶紧绽开一张笑脸，拍了拍小姑娘的头，说："小妹妹，对不起哦！姐姐不是故意的。"

"啊哦！"突然间，却只听到旁边一声愤怒的喊叫，盛装的年轻妈妈突然从摊位上冲过来护着孩子，对花花愤怒地大喊大叫，甚至还推了花花一把，花花一个趔趄，差点摔倒。

花花委屈极了，无奈却听不懂她的话。而周围的人却因为那年轻母亲的话，都怒视着花花，眼神中满含恼怒。等大胡子叔叔

回过神来时，花花已经吓哭了。

"花花，快道歉！在越南不允许摸他人的头，你不记得了吗？"大胡子叔叔一边劝着花花，一边用自己会的所有语言轮番说："对不起。"花花这才反应过来，也跟着鞠躬道歉。大约是看他们没有恶意，那些衣着漂亮的越南人终于不再恼怒，大胡子叔叔才有机会带着大家躲到集市的另一边游逛！

第2章　好厉害的剑

　　"这就是还剑湖？"走在湖堤上的吉米似乎对还剑湖有些不满意，嘟囔着说，"这么小，这样的湖多的是！"

　　"拜托！越南本来就是临海的国家，其水湾湖泊非常多。"花花看着吉米，眼里忍不住流露出笑意，仿佛在说：哈哈，你出丑啦！

"我只是说这个湖小嘛！"吉米有些尴尬，只好不再吭声。

"大胡子叔叔不是说这个湖的名字有曲折的故事吗？不如我们先坐下来听听吧。"映真微笑着替吉米解了围，拉着花花一起坐到草地上，听大胡子叔叔给大家讲故事。

"其实啊，这还剑湖在最初的时候并不叫这个名字。很多年前，还剑湖还只是一条河流，后来河流的下游渐渐被淤泥堵起来了，才形成了湖。越南历史上曾经就把这湖当作操练水军的地方，所以还曾叫水军湖。

"后来，有一个很厉害的人，他叫黎利，因为某些原因，就

决定跟中国古代的项羽和刘邦一样，发动一场蓝山起义来推翻朝廷。在起义前，因机缘巧合他得到了一把剑，但是这把剑很奇怪，它只有剑身没有剑柄，而且上面还刻着'顺天'两个字。

"随后不知道在什么地方，黎利又得到了一个剑柄。他把之前的剑身和这个剑柄连在一起，竟然合成了一把剑，这把剑威力无穷。而黎利就是用这把锋利无比的宝剑打退了敌军，建立了黎朝。黎利就是有名的黎太祖。

　　"十年后的一天，黎利心血来潮，乘游船到这个湖上，突然就有一只金龟浮到了水面上，跟他说：'敌军已经被打败了，请皇上还我宝剑！'话一说完，黎太祖一直佩戴在腰上的宝剑'顺天'就自己跳了起来，落到金龟的嘴里，金龟含着宝剑迅速潜到了湖底。

　　"黎太祖很惊讶，以为是神仙现身帮助自己夺得了天下，就把金龟奉为神龟，还把这个湖改名为'还剑湖'。你们看到那座塔了吗？"说到这里，大胡子叔叔突然停了下来，指着湖中的一座小塔，又接着说，"据说啊，后来那把剑又被某个仙人送回来了。仙人可能觉得这把剑应该属于大家，就把剑插到湖里，剑柄留在水面上。渐渐地，剑就化成了那座宝塔，一直留在了湖中。"

"这把剑也太厉害了吧！"三个人都目瞪口呆了好一会儿，吉米才感叹地说，"就是太可惜了，竟然化成塔了。"

"是啊！"花花被故事感染，不由跟着吉米发出感叹。

映真却把更多的注意力放到了岸边的亭台水榭上。苍翠林木围绕的还剑湖清澈碧绿，安静典雅。古朴优雅的塔楼安静地立着，似乎也在回想遥远年代的事情。三三两两悠闲的人们在阴凉处走动，亭子里和长椅上还有卿卿我我的恋人们。而湖中心的龟塔和玉山祠遥遥在望，经典的越南风古建筑透露着一股浓郁的岁月气息，愈发显得庄重大气。

看着湖中的宝塔，映真忍不住问："我们还是去看看湖吧。大胡子叔叔，我们可不可以去那个宝塔上看看啊？"

"我也不知道，去问问就知道了。"大胡子叔叔哈哈一笑，就站起来拉着映真出发。

"怎么了？"大胡子叔叔走了两步，却发现映真并没有动弹，大胡子叔叔奇怪地回过头，发现映真神情怪异，正盯着侧面凝神细看。大胡子叔叔顺着映真的目光看去，发现前面的亭子口，有一位和映真他们差不多大小的穿着天蓝色T恤的男孩儿，正把手伸进一位中年女士的挎包里！

那穿着蓝T恤的男孩衣着整齐却显得朴素，而中年女士却衣着鲜亮贵气。花花和吉米显然也看到了，

愣了片刻，便不约而同地高喊："小偷！抓……"

没等花花和吉米回过神来，大胡子叔叔和映真已经一前一后地朝"蓝T恤"追去。但是"蓝T恤"因为花花和吉米的喊声，已经有所警觉，加之又对周围环境非常了解，只见他迅速穿过小路，绕道跑到广场上，像滑溜溜的泥鳅一样溜进了拥挤的人潮！

花花和吉米也追上大胡子叔叔，但是却只能面对一群表情无辜的游客，大家只好继续游赏还剑湖。

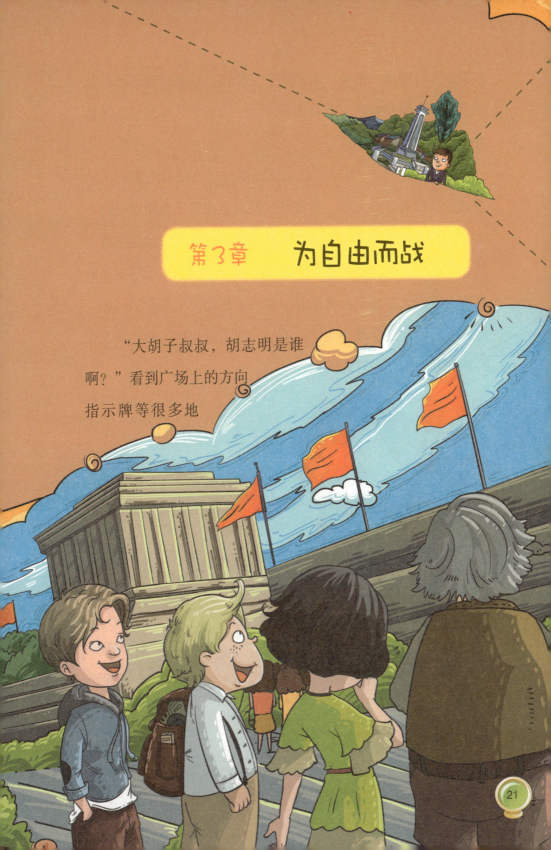

第3章　为自由而战

"大胡子叔叔，胡志明是谁啊？"看到广场上的方向指示牌等很多地方的中文说明里，都有"胡志明"三个字，花花好奇不已，只好出声问大胡子叔叔，惹得周围好几个听到的人都回头怪异地看她。

"这个……"大胡子叔叔也感觉自己之前有点粗心了，连这点都没有告诉大家。看吉米和映真也在巴巴地望着自己，大胡子叔叔赶紧解释，"胡志明先生是越南前任劳动党主席，领导越南人民进行了激烈的反对法国殖民者和日本帝国主义的战争，带领大家走向自由平等，建立了越南民主共和国……"这种解释明显过于政治化了，不过大胡子叔叔也不知道该怎么样给花花他们作更好的解释。

"哦，是不是就像中国的毛主席？"歪着脑袋想了一会儿，花花恍然大悟般地询

问大胡子叔叔。

"对对，真聪明！就是这个样子。所以，越南人民非常热爱胡志明先生，称他是'越南独立之父'。你们看，那边有胡志明纪念堂和故居！是不是想过去看看了？"吉米脸上带着欣喜的神情，连映真都露出向往的模样，大胡子叔叔不由微微一笑，大手一挥，说，"走吧，我们先到纪念堂去！"

"哎？那不是'蓝T恤'吗？"眼尖的吉米突然指着前面惊讶地说。大胡子叔叔、花花和映真看过去，果然是"蓝T恤"在人群里打转，眼睛四处观望。一不留神对上了吉米等四个人的眼神，"蓝T恤"眼里的闪烁不安就完全变成了胆怯，没等花花他们有什么

动作，就又迅速跑开，消失在了人群里。

"跑得也太快了吧！"吉米闷闷不乐，碰上个小偷，没能表现自己的行侠仗义不说，还两次都让他逃了，怎么也有点说不过去。

"我们只是游客，抓小偷的事情还是交给越南的警察吧。放着这么恢宏气派的纪念堂不看，多浪费啊！走咯。"大胡子叔叔笑着说完，便拉着吉米走向纪念堂。

高大的纪念堂主体由灰色花岗岩建造而成，朴实中彰显着宏伟和肃穆，让人不由在心底生出一份崇敬来。连最调皮的吉米也难得地安静下来，跟在大胡子叔叔后面好奇地打量纪念堂内的设施。

大堂中央的水晶棺内，胡志明先生安静

地沉睡着，仿佛知道自己的国家和人民已经过上了幸福的自由生活，因而才显出如此安详的神情。两侧墙壁上和陵前的题词一样，都是由越南文书写的，大胡子叔叔仅仅知道一些简单的越南问候语，花花他们就更无法得知其中的意思。但是毫无疑问，凭借越南人民对胡志明先生的敬仰，以及整个纪念堂内低沉哀悼的氛围，他们四个也猜得到胡志明先生对越南独立和自由的影响。

　　"他肯定是一位很伟大的领袖！"花花神情肃穆，很认真地对大胡子叔叔说。大胡子叔叔看着花花严肃的表情，重重地点了点头，说："他是个值得人们永远尊敬的人！"

　　巴亭广场旁的主席府内，花花

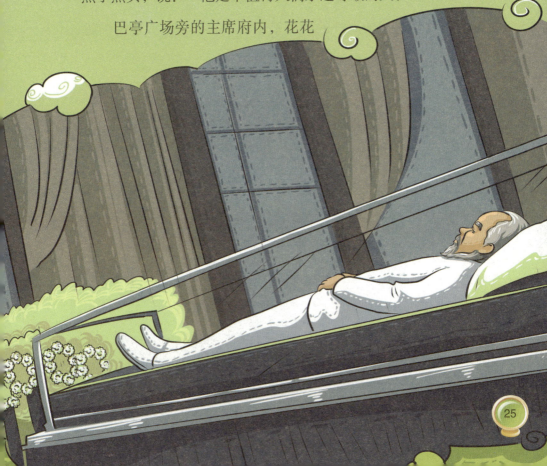

他们三个跟着大胡子叔叔参观了豪华壮丽的主席府。主席府主体是一栋法式别墅，看起来很是富丽堂皇。这些原来都是法国人建筑的行宫，后来被接管，便用作了主席府。

但是胡志明的故居却与法式别墅无关，不过是一座普通的房屋和池塘边的高脚屋。胡志明先生一向主张节俭，他嫌法式别墅太铺张浪费了，便一直不肯住进去，主席府在当时只用来接待外宾和开会等。

全木制的两层高脚屋简朴雅致，与它的主人一样高洁朴素。在二楼卧室内，胡志明的床铺不过一张普普通通的木床。三个孩子感受到了强烈的震撼。备受越南人民敬爱的胡志明主席，就是在这样简朴的环境里生活、工作，为人们的前程担忧，为国家的未来操劳啊。也正是有这样与民同苦同喜的决心，才能让胡志明深得民心，并带领越南人民开创出一个光明的未来吧。

"胡志明正是因为有着坚定的信念，执着地追求着自由，才最终带领人民走出困境。"大胡子叔叔说道，不知道到底是自己在感慨，还是有意说给花花他们三个人听。

越南无产阶级革命领袖——胡志明

胡志明是越南民主共和国首任主席，原名叫作阮必成，在经历和领导革命后，才改名叫胡志明。他的一生经历非常坎坷，年轻的时候曾经当过海员、老师，甚至做过杂役。在三十岁的时候，胡志明才在法国加入了共产党。

胡志明也是第一个加入共产党的越南人。参加革命后，胡志明又在苏联、中国等地辗转学习。越南共产党就是由胡志明在中国香港领导成立的。也正是因为有了这些经历，胡志明才更加地坚定信念，要带领越南人民走出困境。

第4章　人生的艺术

　　"好漂亮啊，这简直就是一个艺术展览中心啊！"平时难得会发出一声赞叹的映真，在面对着胡志明博物馆时，却情不自禁地赞叹起来。而花花和吉米也有同样的感受，只是掺杂着刚从胡志明故居出来的复杂心情，不知道该如何去表达而已。

乳白色的博物馆主体恢宏大气，格调前卫，很有几分艺术展览中心的味道。单单是博物馆前的假山池塘、曲径折木，都有着优雅绝伦的美丽。

跟随大量游人，由大胡子叔叔带领着，花花他们从最顶上一层，开始参观五层楼的博物馆。

刚进入第五层展厅，胡志明博物馆就给了大家一个惊喜：一尊优雅孤傲的巨大的金色莲花肆意绽放，照亮了人的整个身心。

"胡志明先生的确是一个君子，怪不得用莲花来象征。"花花若有所思地小声说。哪知道旁边的吉米听到了，突然发出一阵大笑："不知道就不要乱说哦，莲花可是越南的国花。胡志明先生带领人民建立了越南民主共和国，所以也在这里放置了一朵莲花，以此来表示胡志明先生对越南的巨大贡献嘛！"

　　竟然被吉米嘲笑了，花花不禁感到一阵羞愤，小脸顿时"刷"地一下红了："大胡子叔叔，难道我说得不对吗？你敢说胡志明先生不是君子？"后一句显然是对着吉米说的。

　　"你们俩别闹了，在这种地方吵闹多不合适。"映真无奈地拉了拉花花的胳膊，希望她能不再计较。

"哈哈，还是映真懂事。你们都只说对了一半。莲花在越南象征着神圣、美好和高风亮节，也象征着胡志明先生的品格。怎么样，可以好好游览了吧？"大胡子叔叔笑着拖着不情愿的吉米就往前走，花花也跟着映真一起，开始细细观看。

　　"哇，好多名画啊！"映真忍不住一阵赞叹。进入一个展厅后，里面陈列的竟然是许多著名画家的画作，当然很多只是照片展示，但是绚丽的色彩和前卫的风格也同样让人惊讶，又让人欣喜不已。"不知道究竟是胡志明先生本人喜欢这些画作，还是后人建造博物馆时为了整体风格而设置的。很希望是胡先生喜欢的！"

"说不定就是呢。"花花带着几分肯定说，"胡志明先生很执着专注，这样的人一般也都很理想主义，同时大多数也比较容易喜欢艺术，说不定这个博物馆就是在贯彻胡志明先生的理念，比如把艺术融入生活、艺术与革命相辅相成等。"

"说白了还是你自己的猜测嘛。"吉米还是一副不服气的模样，大有再争执一番的劲头。无奈的映真只好赶紧拉着花花向前走："我们去下一个展厅吧。"

几乎一整个展厅都陈列着胡志明的笔记和日记等，原本花花、映真他们也以为是越南文自己不可能看懂的，就没怎么细看。哪知忽然一时兴起，花花好奇地看了几篇文字，才惊喜地发现，胡志明先生的许多日记都是

狱中日记
29.8.1932
10.9.1939

身体在狱中，
精神在狱外，
欲成大事业，
精神更要大。

用中文书写的，而且是正宗的毛笔字！

"你看，胡志明先生的日记是用中文写的哎！"花花惊喜地拉着映真对玻璃展柜里的日记指指点点，完全忘了映真并不怎么懂中文。

"胡志明先生肯定是很喜欢中文和毛笔字。"花花满面笑容，得意地看着吉米，"毛笔字也是一种艺术哦，那么胡志明先生对艺术的领悟和造诣肯定是比较高的！"

吉米被花花盯得有些发毛，只好含含糊糊地说了句赞同的话，拉着大胡子叔叔就往下一个展厅跑。后面的花花被吉米的狼狈逗得乐不可支，映真费了好大劲儿才将她拖着往前走。

第5章　夜色中的木偶戏

"大胡子叔叔，我们不是要回酒店吗？"看到重新出现在视野里的还剑湖，映真不由有些纳闷，大胡子叔叔可是很少会重复走一个地方的。不过说来也怪，都晚上了，还剑湖畔还是很多游人。当然，因为有五光十色的灯光，晚上的还剑湖还是很美的，很有几分瘦西湖的风韵。大家游走在宁静的夜色中，又感受着来自游人嬉戏的喧闹，感觉既幸福又惬意。

"晚上的木偶戏很好看哦，真的要回去睡觉吗？"大胡子叔叔故意逗着映真，谁让他总是装小大人呢。

"要看要看！映真不许走，我要看木偶戏！"花花听到大胡子叔叔的话，赶紧拉着映真，又回头好奇地问大胡子叔叔，"木偶戏是让木偶们来演戏吗？可是木偶不是不能动的吗？"

　　"我记得中国有门古老的艺
术叫作皮影戏，估计木偶戏和皮影戏差
不多吧。"映真皱着眉头，煞有介事地想着。

　　"哈哈，一会儿就知道啦。"大胡子叔叔仍然喜
欢卖关子，四个人在拥挤的人海里买了票，便兴冲冲地走向还
剑湖的升龙水上木偶剧院。

　　开场的民乐表演很是动听，美丽动人的越南女子轻启朱
唇，唱响婉转的越南民歌，优雅的旋律让人迷醉。而乐队的乐
手们都穿着民族服装，盘着越南传统发饰，看起来也别具特
色。

　　"哎，那个人好熟悉啊！"花花突然指着前面一位背朝

着他们向前走的男孩儿说。刚才他们四个人进来时，那男孩儿恰恰转身，花花也不过是瞥到了他的侧脸。

"哪个？"精力旺盛的吉米一听，顿时来劲儿了，"我去看看！"说罢，就盯紧花花指着的人，冲过去绕到了人家的前面。吉米站到那男孩儿面前，两个人争执打闹了一番，那男孩儿就被吉米扭着送到了大胡子叔叔这边。

谁能料想，这男孩儿竟然就是那"蓝T恤"！花花顿时来了劲儿，对着"蓝T恤"就是一通耳提面命的教育，甚至威胁要送他到警察局，虽然不知道警察局在哪儿。只是看他一脸懵懂的模样，花花也只能恨恨地跺跺脚。

不过，"蓝T恤"不懂中文，却会一点儿英文，终于跟大家有所交流。原来，"蓝T恤"只是想在妈妈生日时送上一件礼物，奈何口袋里没有钱，于是铤而走险，决定偷！

　　"我已经知道错了，你看，他们答应我在这里帮忙清扫，然后给我钱的！"大胡子叔叔、吉米和映真才发现"蓝T恤"穿的是清洁制服，但是他却一脸骄傲，不由得特别高兴。大胡子叔叔鼓励了他一番，才让"蓝T恤"离开。

　　"我要看木偶戏，不理你们啦！"花花气鼓鼓地寻找自己的座位坐好，既然听不懂，只好看戏了。

　　　　　　　这一场木偶戏竟然是花花最喜欢的

《白雪公主》。虽然听不懂越南语，但是因为是熟悉的故事，大略能猜得出来情节和对话，所以大家都看得还算尽兴。当可爱的木头人在水面上翩翩起舞时，花花高兴得手舞足蹈，不停地拍着巴掌，还使劲儿地往前凑，总想离木偶人近一点儿。

木偶人雕刻得很精致，眉眼也描绘得精细，再加上剪裁得当的衣裙，更是可爱到让人不舍得移开眼睛。何况木偶们在水面上站着，衣裙的下摆都拖进水里了，让人内心里也多了一丝心疼的感觉。连映真和吉米也着迷地欣赏着，什么都顾不上了。木偶戏结束时，大家都还有些意犹未尽，但也只能恋恋不舍地看着可爱的木偶们，希望把他们深深地刻到脑子里，永远不会忘记。

第6章　　海中的怪兽

"大胡子叔叔，这里怎么这么像桂林呢？"本来面对着大海的花花，突然转过头来惊奇地询问大胡子叔叔。因为眼前的情景太像桂林了：碧波荡漾的海水中耸立着一座座大大小小的山丘，有些只是一块块奇形怪状的大石头，分明就是一幅桂林山水画嘛！

大胡子叔叔耐心地解释说："这里就是下龙湾，被称为'海上桂林'，是越南非常有名的旅游景点，据称是世界第八大奇观。最有名的就是这些怪石嶙峋的海上山峰，所以我就带你们来看看了。"

"耶！大胡子叔叔真好！"花花和吉米欢呼着，兴奋地欣赏着各色奇特的山峰和怪石。

大大小小的石峰千姿百态，有的露出灰褐色的石头，有的覆盖着葱绿的植被。碧蓝的海水，翠蓝的天空，清新的海风……烟波浩渺、山水相连的景色简直就是一幅画。对艺术较

有天赋的映真几乎沉醉在了美景中，根本顾不上花花和吉米的大呼小叫。

"我们这里有一个美丽的传说。据说有一条善良的母龙，因为看到生活在这里的人们总是受到狂风大浪的侵袭，生活艰难，所以就降落在这片海湾里，挡住了汹涌的波涛。后来，她还生出了许多小龙。"游船的老板看到客人们兴致很好，就主动过来给大家讲述美丽的传说，说到这里，他便指着周围的小海湾说，"这些小湾就是母龙的孩子们，所以它们被称为'拜子龙湾'。正是因为它们的存在，下龙湾才风平浪静，美丽多姿啊！"

老板的中文并不是很好，但也不影响大胡子叔叔他们理解这个故事。花花和吉米都显得

很激动。

　　"不过，也还有另外一个传说。传说这里原本是一片高山，居住着一条脾气很坏的龙，有一天不知道被什么惹恼了，就发了火，猛踩地面。龙的力气太大了，顿时山陵崩倒，很快被水填满形成了谷地，而仅有山岳的峰顶——也就是现在下龙湾的岩岛，浮在了水面上。"船家介绍完另一个传说，就去忙自己的了，只剩下花花他们面面相觑。

　　"真的假的？我觉得还是第一个可信哦。"花花自然是宁愿相信龙的善良，才形成了今天的山水美景。

　　"我觉得是第二个。我要是有那么大力气就好啦，说不定那龙还在这山里躲着呢，真想看看！"吉米则一脸兴奋，简直唯恐天下不乱。

"大胡子叔叔，你看，那个岛上好多人，好像还有山洞，我们去看看吧。"映真突然站在大胡子叔叔面前，指着不远处一座略微大一点的岛说。花花也跟着跑了过来，热切地看着大胡子叔叔，期待他点头。看孩子们这么有兴致，大胡子叔叔当然答应了。等游船停靠好，他们四个就飞快地登上了这座岛屿。

　　原来，这座岛上的山洞就是著名的惊讶洞，以绮丽复杂的山洞而闻名，这些山洞顶端还有花纹和小窝，看上去绮丽无比。走在里面欣赏着独特的石灰岩洞风光，头顶着密布的小窝，像一个云纹密布的天空。加上偶尔还能看到奇特的钟乳石景观，大胡子叔叔四人简直惊呆了，一路走一路品评，都兴奋得几乎忘记了时间。

　　"呀，妖怪啊！恶龙啊！"跑在最前头的吉米突然

一声惊呼，转身就往回跑，一下子就把他身后的花花撞倒了。但是惊慌的吉米根本顾不上花花，就迅速躲到跟在后面的大胡子叔叔身后不肯出来。

在光线忽明忽暗的山洞里，花花被吉米的大呼小叫吓得一个哆嗦，却偏偏摔倒了。想到恶龙的名声，胆小的花花再也忍不住坐在地上大哭起来。大胡子叔叔也顾不上吉米，赶紧冲上来抱起花花，心疼地安慰着。

花花仅仅是被吉米吓到，来不及回头跑就左脚绊右脚摔倒了而已，并未受到什么伤害。即便这样，也还是很害怕，所以她窝在大胡子叔叔的怀里，哭得稀里哗啦。

　　"呀！"山洞里忽蓝忽红的光影的确怪异，衬得洞壁也狰狞起来，花花吓得躲到大胡子叔叔怀里不敢吭声。

　　"哪有什么妖怪。"映真到前面转了一圈，忍不住大笑，边走边说，"那个拐角处放的灯会变色，灯罩上有怪异的纹路，你是把那投影当妖怪了。哎呀，都是那个传说惹的祸。"

　　"你啊，总是冒冒失失！"大胡子叔叔看吉米一脸的惭愧，也不好说什么了，只好背起花花小心地安慰。

第7章　闯入"鬼城"

　　"大胡子叔叔，顺化在哪里？好像很好玩的样子。"映真突然出声询问，而他的手里，赫然翻着一本越南旅游指南，而且还是中文版的。花花毫不客气地伸出"魔爪"，夺走了他手里的书，快速翻阅着，一边还问："你怎么会有这个？"而旁边的吉米更是不客气地凑过来。

　　"临上车买的，塞包里后就给忘了。"映真很不好意思地抓抓头。

　　"有皇城和皇陵，哇，'鬼城'皇陵！大胡子叔叔，我要去'鬼城'！"吉米大声地嚷嚷着，一边促狭地看着花花，"说不定还闹鬼呢，正好去看看鬼长什么样子。说不定可以看到花花出糗的样子啦，哈哈！"

　　"哼，去就去！"花花虽然有些害怕所谓的"鬼城"，但是看到吉米公然地挑衅，又想到还有大胡子叔叔和映真在身边，就赌气地一口答应了。只有映真捡起书本，看着皇陵美轮美奂的景色，若有所思。

　　一大早起来就赶车，花花、映真和吉米累得迷迷糊糊的。不过，当遥望皇陵精美绝伦的风景和建筑时，一切的疲惫就都烟消云散了。

　　顺化一共有6座气派的皇陵，每一座皇陵几乎都占据了一两个山头，辉煌的建筑有些类似北京城里清朝皇宫，不过也有着自己的特色。比如那大红和明黄色相间的外墙和柱子，门外顶上由一排柱子支撑的雨檐，横梁上描绘的生动图案，包括四季风景、圣兽、花鸟等。

而山间的空气和风景一样的清新，大胡子叔叔租了几辆摩托车，载着大家在山明水秀的山间奔驰，欢快的笑声飘洒了一路。

到了一座山上的皇陵前，大家便有些震惊。陵墓前门口的通道两旁，还立了两排雕像：前面有一些高大结实的健壮马匹，后面是古代的皇帝侍从像，带着尖顶帽子，不知道是太监还是侍卫，如果越南的古代也有太监的话。黛蓝色的雕像已经有些斑驳的历史迹象，却依然显得肃穆威严。

两米多高的台阶上，便是精致繁复的皇陵宫殿，虽然有些陈旧，却掩不住绝代风华。复杂精细的花纹布满墙体门栏，飞檐更是流

畅，洋溢着妩媚与高贵的气息。但同时，也携带了一份因为时光雕琢而成就的神秘和不可接近。

"你敢不敢进去？"吉米满脸含笑地看着花花。

花花有些犹豫，因为庞大的建筑所带来的震撼和莫名的心悸。但是看到吉米戏谑的笑，愤慨和斗志就赶跑了那一点恐慌："当然敢，有什么好怕的！"花花大声地反驳着，率先走进了大殿。

大殿内部气派肃穆，威严中不失精致庄重，皇家风范十足。游人并不多，所以大胡子叔叔带着花花他们慢慢地游览，观看着每一个细小的美丽。被太多惊喜冲击着，大家似乎也都忘记了关于"鬼城"的说法。

　　"闯入者，你们打扰了我！"突然，一个压抑低沉的声音传了过来，在有些昏暗的大殿里别提多吓人了。而此时，恰有一阵凉风吹过，惊起人一身鸡皮疙瘩。一角纱帘也迎风扬起，似乎在表达说话人内心的阴郁情结。

　　"啊！"花花忍不住惊叫一声，飞快躲进大胡子叔叔的怀中。而大胡子叔叔和映真都被吓了一跳，还没缓过

神来，却听到了吉米哈哈大笑的声音。

原来，他刚才趁大家不注意，偷偷藏到了纱帘里，这时候悄无声息地出来吓人。

"你太胆小了吧！"吉米得意，却不得不接受花花虚张声势的拳打脚踢。花花吓到了，嘟囔着给自己壮胆，又紧紧抓着大胡子叔叔的手才肯继续走。不过接下来，一切都很平顺。

"哇，好漂亮的亭台楼阁。"在一座皇陵前，花花率先跑上了围绕着一片池塘的亭台楼阁。在亭子里休憩，可以瞭望远处青翠群山，可以欣赏近处阁楼栋梁，当真

是一个十分美丽和诗意的地方。池塘里种满了荷花，只是此时还是一片葱茏的荷叶，连一个花苞都没有。

"嗯，都怨我们来的时间不对，要是夏天来，就可以看荷花啦！"花花不高兴地嘟囔着，转而又带着几分好奇和兴奋的神情问大胡子叔叔，"现在看来，这里不像有鬼的样子啊，为什么叫作'鬼城'呢？"

"说不定是鬼今天都懒得出来。"吉米故意逗花花，气得花花狠狠地瞪了他一眼。

"谁说'鬼城'一定要有鬼了，要真是闹鬼，还敢公开让游人参观么吗？"大胡子叔叔一本正经，却也无法解释花花的疑惑。

　　"也许是因为这里太美了，人们觉得只有"鬼"才能建造得出来，所以叫'鬼城'。"映真突然冒出来一句，却颇有一番道理。

　　"嗯，有道理，我们向下一个山头进发吧，不然到晚上可看不完哦。"大胡子叔叔笑着起身，而花花已经冲到了最前面。

"鬼城" 顺化

　　作为世界遗产名录的一员，顺化名副其实。位于越南中部的顺化古城依山傍水，美丽的香江蜿蜒而下，浇灌着美丽的山峦。在市郊的六座山头上，坐落着六座阮氏王朝的皇陵，历史气息浓郁丰厚。

　　每座皇陵都占据一个山头，气派肃穆的建筑风格，美轮美奂又大气磅礴。皇陵前陈列着文武群臣的雕塑，沧桑斑驳中透露着帝王的威严。而陵前的荷花池则优雅地装点着苍翠山峦中的古色古香，灵气逼人。

第8章　皇宫外的小吃

"去过皇陵了，你们说，还要不要去皇宫看看？"大胡子叔叔笑眯眯地询问大家，而怀着公主梦的花花自然是第一个

响应："要去要去！"做不成公主，看看各国的公主都怎么生活的，总还是可以的吧。

花花的公主梦，吉米自然是很清楚的，所以他再次毫不客气地打击花花："可不是在皇宫里，就能假装自己是公主的。"花花这一天里被吉米呛的次数太多，都懒得再理他了，只不满地看了他一眼，就嚷嚷着要大胡子叔叔带大家去皇宫。

而等看到皇陵其实就大略可以猜到，越南的古建筑几乎都是仿着清朝的北京城来建造的。它的皇宫也毫不例外地与紫禁城相似，只是略小了些，当然也极其富有越南特色。皇宫的布置以大红和明黄为主要色调。宫内的装饰极尽精致奢华，在

时间的长河里洗涤过，却风韵不减丝毫。走着走着，就令人不由自主地感叹：人竟然可以设计出如此精致豪华的建筑！

"真是太奢华了！"花花、吉米和映真几乎是异口同声。这样精美绝伦又庄严大气的皇宫，华贵的装饰，不知道要耗费多少财力物力呢，还有那细致又壮阔的皇陵花园……

"当皇帝真幸福，有花不完的钱，还有这么漂亮的房子住！"吉米羡慕不已。

"哼，还嘲笑我想当公主呢。"花花冲吉米做了个鬼脸，嘲笑地说，"封建时代已经过去啦，还在做梦的人醒醒吧。"

"当皇帝也要受约束的，并不能随心所欲，如果你真的当

上了皇帝，说不定还不想当了呢，历史上也有一些皇帝是不想当皇帝的啊！"映真突然出声，发表自己的意见。

"嗯，中国历史上不是还有个喜欢写诗的皇帝吗？我记得他就不想当皇帝，后来就是因为诗丢了国家和性命。不过，不记得是哪位了。"大胡子叔叔插嘴，却说不出自己究竟说的是谁，颇有些不好意思。

"我倒是知道有个李煜，应该就是你说的那个皇帝。所以嘛，干什么都是不简单的嘛，吉米想得太简单啦。世界上哪有那么好的事情！"走出皇宫，花花总结性的发言后，就忍不住嚷嚷，"饿死了，大胡子叔叔，我们去吃东西吧，我记得那个米粉很好吃哦！"花花一副垂涎欲滴的模样，

惹得吉米和映真也突然觉得肚子好饿，只好眼巴巴地看着大胡子叔叔。

"哈哈，馋！这里有这么多吃的，让你吃个够！"大胡子叔叔说着，就带着大家到皇宫附近小吃云集的地方。顺化是古代的都城，小吃当然也是最为正宗的，花花他们简直被芳香弥漫的香味迷得七零八落，看到什么都嚷着要吃。

加了猪脚、牛肉、鱼肉、鸭血和芫荽等作料的米粉喷香诱人，裹着猪肉和豆芽的肠粉配着作料，清香又开胃。还有一种神奇的香甜小吃，是用糯米皮包着虾仁蒸出来的，洁白到半透明的皮映着粉红的虾仁，就像一朵白玫瑰娇艳诱人，蘸着不知道到底是怎么制作的作料吃到嘴里，味道简直美极了。

另外，还有各种荷叶饭、炸饼等美味小吃。不过由于语言不同，大胡子叔叔一行四人只好胡吃海喝，胡乱猜测着各种美食的名字，花花更是异想天开地给它们取了只有自己才知道缘由的名字。

不过这么多小吃，主料用的都是各种米、肉类和鱼虾等食材。毕竟越南靠近海，又盛产稻米，当然要用这些来给味蕾增味。不过，越南人在小吃上面下的功夫可不少，单单米粉都有好多种，连大胡子叔叔都吃得肚子滚圆。最后，他们四个也只能眼睁睁地看着各种美味的小吃，打着饱嗝回酒店啦。

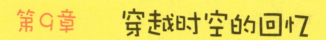

第9章　穿越时空的回忆

"有没有一种，嗯……就是回到很久之前的感觉啊？"行走在会安古镇的街道上，花花很有一种说不清道不明的奇怪情愫，街道两边的建筑风格有些类似中国古代的建筑，又有些说不清的区别。

"嗯，这里是会安，我查查。"映真煞有介事地翻看着手中的旅游指南，翻到了会安的部分，却因为对汉字的熟悉程度不足，"嗯"了好一会儿，也没说出个所以然来。

花花从迷惑中醒来，才发现只有自己是唯一一个对中文很熟悉的人，所以这个光荣的"解读"任务，就落到自己头上啦。她毫不客气地带着几分得意，从映真手中夺过书，一点一点地细致看着，好一会儿，才说出来一个结论：

"会安在很早很早以前，就是很多华人生活的地方。他们多数在这里做生意，有的还扎根在这里。所以，这里有很多华人，当然还有部分日本人。也因此，在会安有很多的中式建筑和日本建筑，并且保存得比较完整。

整座会安城被分为福建帮、广东帮、潮州帮、海南帮和客家帮五个区。这五个帮派分别建起了福建会馆、广肇会馆、潮州会馆、琼府会馆和中华会馆。其中中华会馆又被称为五帮会馆。会馆里分别供奉着妈祖、关公、伏波将军等，终年香火缭绕。"

"哇，难怪感觉这么熟悉，原来是华人建立起来的城市哎！"花花看了一半就惊呼起来，神采奕奕地继续往前走，惬意地欣赏街边的建筑。

花花随心所欲地走着，带着大家首先进入的，自然是作为五帮会馆的中华会馆。雄伟壮丽、金碧辉煌的会馆建筑瞬间

吸引了大家的眼球。一进门就是一排盆景，花盆白底黄边，摆放得错落有致，而门两边最高的花盆上则被篆刻了字，分别是"公有公治公享"和"民族民权民生"，顿时彰显了中华文化的端庄大气。

在白墙的掩映下，绿窗绿廊柱的厢房显得十分清新别致。而正面的天后宫主体为红色，天后圣母妈祖被供奉在主位上，两边厢房则供奉有观音菩萨，还有财帛星君。

馆内最让花花他们新奇的，是三块石碑，石碑上刻录了中华会馆的建立原因和时间，以及重建等大事记。也因此，花花才终于知道这座会馆竟然已经有了几百年的历史，虽然期间曾

修修补补，却仍不失为一座历史悠久的古建筑。

　　"真的有那么多年啦？"吉米似乎有些不相信，但是斑驳的老墙根，甚至空气中沉浮的历史气息都不由他不信，"真是神奇。"

　　"嗯！"花花骄傲地点点头，似乎这座会馆就是她所建。"走啦走啦，还有好几个地方呢。"

　　来到福建会馆更是惊喜。福建会馆是最宏伟壮观的一座会馆，规模很大。馆内同样摆放着不少盆景，花开时节定然是香气四溢。

正面的双层牌楼上有很多精美逼真的雕刻，上层写着"金山寺"，下层写着"福建会馆"几个大字。正殿有好几重，顿显恢宏大气。其中一个四合院里供奉着妈祖天后，极其传神的妈祖雕像栩栩如生，用慈爱祥和的眼神看着前来拜祭的男男女女。

伞一样从屋顶盘旋下来的香挂也显得特别有意思，惹得映真研究了好一会儿。好几米长的古代帆船模型简直让吉米欣喜若狂，细细地围着看了好几遍才恋恋不舍地走开……

第10章　万紫千红总是美

"大胡子叔叔，好多卖衣服的店哦。"花花突然拉着大胡子叔叔的手，撒娇地看着街边的店铺说。大胡子叔叔往街边一看，可不是！确实有许多衣服店，不过挂出来的都是越南传统服饰，飘逸的奥黛随风轻摆，很是漂亮。

其实奥黛并不能算是越南真正意义上的传统服装，在越南的古代史上，皇帝和官员们的传统服装是越服，和中国汉朝时代的服饰很相像。同中国的皇帝一样，服饰也被越南的皇帝大臣们视为相当重要的一种社会地位标记，并对什么地位的人该穿什么样式的越服做了严格的规定。比如，黄色只能是皇帝来穿，臣子可以穿的颜色主要为红色和紫色等。

而在中国进入清朝后，受清朝服饰的影响，才逐渐在越南演化出了奥黛。后来经过人们的改良，最终才有了今天人们所看到的飘逸华丽的奥黛！而从这也可以看出，中国对越南的影响之大。

"小丫头，又想要新衣服了。"大胡子叔叔还能不了解花

花的小心思？不过"爱美之心，人皆有之"嘛，所以大胡子叔叔很开明地说，"咱们好像都还没有尝试过越南民族服装啊，想不想尝试一下？"

"好哎！"听出来大胡子叔叔有答应的意思，花花第一个冲进了一家店铺，吉米和映真也忍不住高兴地跟了过去。

原来，这是一家裁缝店，可以量体裁衣，手工缝制越南传统服装。大胡子叔叔进来时，花花已经站在店里，高兴地由店里的漂亮女店员量尺寸了。而周围的墙上挂满了各种布料和各色奥黛的成衣，做工十分精细。大胡子叔叔也高高兴兴地定制了一件衣服。

这么一耽搁，到目的地来远桥已经是傍晚了。花花勉强才从

桥端的说明里知道，来远桥最初由日本人建造，有"日本廊桥"的美誉。可是后来因为某种原因被损坏，被中国人重建过，因而在风格上兼具中、日传统的味道。不过想想这座桥建在越南，只怕还杂糅了越南的特色。一座小小的桥，竟然兼具了几个国家的风格！花花和吉米、映真争论不已。

因为连大胡子叔叔也并不是很懂中、日风格的差异，所以大家都只是高兴地欣赏着夕阳斜照下来远桥精美的飞檐兽顶和桥两端的动物雕塑。

河流的两岸大多是明黄色的法式建筑，还有高大的椰子树，倒映在河水里，伴着夕阳的余晖，顿时展露出一幅安宁诗意的和谐画卷，似乎人的心也因此而柔软了。花花和吉米也不再争执，而是细细地观赏这难得一见的祥和美景。

　　直到夜幕降临，华灯初上，细心的映真才发现："好多灯笼啊，真漂亮！"的确，街道两边的店铺前几乎都挂着绚丽的灯笼，甚至有专门卖灯笼的店铺，悬挂着五颜六色、形态各异的灯笼。万紫千红的光线柔和地洒在会安古镇的街道上，显得那么的优美动人！

　　花花他们三个简直被美丽的灯笼诱惑得走不动路了，他们相互看了一眼，便一齐可怜兮兮地小声喊了一句："大胡子叔叔！"又充满希望地抬起头看着大胡子叔叔，三双灵动的大眼睛分明在说："好想要一只灯笼哦！"

　　大胡子叔叔被三个小家伙看得无奈一笑，只好举手投降，带着小兔子一样活跃的花花、吉米和

映真到灯笼店里挑选。

　　五颜六色的灯笼让吉米和映真挑了好久，才分别选了一只芒果形状和苹果形状的蓝色灯笼。而花花犹犹豫豫地挑选了许久，当她终于挑好站到大胡子叔叔面前时，居然一手一只，紫色与大红色的灯笼上绘制着花鸟鱼虫，别提多漂亮了，难怪花花都舍不得！

　　而店门外，吉米和映真已经在开心地玩起灯笼来。映真喜欢思考，所以仅仅是细心地观察自己手中和店门口墙上悬挂的各色灯笼。吉米却不甘于寂寞，略略看了几眼，便无聊地往上轻抛，他简直就是把灯笼当成发光的气球啦！

　　但是毕竟灯笼不是圆形，又偏大一些，一下子没接好，芒

果形状的灯笼突然就撞到了灯笼墙上！这下可好，满墙悬挂的灯笼突然失去平衡，一下子就如同散了架的积木，"哗啦啦"地倾斜在了地上，一些较圆的灯笼甚至"咕噜噜"滚了好远。幸亏这些灯笼里面插的不是蜡烛，而是小型彩灯。只是电线被拉断，许多灯笼都暗了下来。

　　吉米登时傻了眼，这可怎么办啊？店老板和大胡子叔叔、花花闻声走出来时，就只看到垂头丧气捡灯笼的吉米，和给他帮忙的映真。大胡子叔叔脸都绿了，却无可奈何，只好给店老板赔不是。幸而店老板人好，并没有过分追究吉米的过错，只是索要了一些材料费用，而吉米则被剥夺了独自玩耍的权利。

第11章　沉默的回忆

"大胡子叔叔，可不可以去这里走走？不是很远。"映真几乎没有提过要去哪个地方，却突然指着一个地方想要去看看，这让大胡子叔叔惊讶不已。不过，当看到照片上蓝天白云下的红褐色遗迹时，大胡子叔叔就不吃惊了，映真的确比较喜欢看些古老的遗迹，当然只是欣赏，映真现在还没有足够的知识去辨识这些遗迹的历史文化内涵。

于是当四个人到达遥远的美森谷地，亲眼看到群山环绕的茂盛山谷里的印度教寺庙遗迹时，才不得不感叹人类宗教信仰的伟大。这里是一个民族崛起的标志，样式繁复而古老的红砖建筑已经被时光和战火腐蚀，破损得极其严重了。那些断壁残垣却依然顽强地屹立着，彰显出那些曾经的光辉时刻。

"映真，这些建筑到底是什么时候的遗迹，都是用来干什么的啊？"花花有些目瞪口呆地看着野草丛中的废墟，纵然是断石残柱，都显得很厚重宁静，传

达着一份穿越历史的沉默。

"嗯……你还是自己看吧，念给我们听听更好。"映真看了看手中的书，还是不好意思地塞给了花花，花花只好接过来翻阅。

"找到啦！这里是全越南最大的古占婆国宗教遗址，被称为'越南的吴哥窟'。是4世纪的时候，占族人在这里建立的印度教寺庙。随后的几个世纪，占族人不断扩建，这里就变成了占婆国的宗教圣地。后来随着占婆国被阮氏王朝所灭，美森圣地才逐渐荒废。后来又因为遭到越战炮火的毁坏，被破坏

了很大一部分。直到西方考古学家来研究占婆族历史时，才把它保护起来。"花花遇到不知道的字都只能综合了自己的话来解释。

"这么说来，就是印度教的寺庙遗址了。果然是复杂精致，印度教喜欢追求细节中的宏伟。"映真一边细细地观看着一截断柱，一边发表着意见。

"那为什么没有找些现在的占婆族人出来保护这片遗址呢？说不定他们还可以根据祖先的传统修复这些残骸呢，这样岂不是又可以创建一个伟大的宗教圣地？"吉米异想天开，

脑子里已经粗略地想象出一个宏伟壮观又精致的印度教寺庙全貌，尽管他并不是很明白真正的印度教寺庙会是什么样子。

"哪有那么简单！可能占婆族已经忘记了自己祖先的伟大传承了。"映真简单地解释，"就比如，花花身为中国人，也并不知道自己祖先们的吃穿住行是什么样子，我同样也不知道古代的韩国人是怎么样生活的啊。"

"哦，还真是。"吉米抓抓头发，不好意思地笑笑，就赶紧跟着大伙儿往前走了。

越往里走，废墟越多，断裂的残破石柱也越多，而所能见识到的精美石刻和雕像也越多。只有在这些地方，它们才被保

存得相对完好些。然而，它们也只能是开在废墟上的花朵，美丽又冷艳。

"战争真不好，摧毁了这么多美好的东西。"吉米突然冒出来这样一句话，却是说出了大家的心声。

"是啊，如果没有战争，也不会死去那么多人，更不会毁去这么多人间奇观。"映真感慨着，而花花在旁边已经不知道该说什么来哀悼这一片荒芜了。

第12章　美妙的海底世界

　　洁白的细沙在光滑的脚丫间摩挲，那感觉，别提多幸福了，何况还有碧蓝的天空和海面。大胡子叔叔都忍不住在沙滩上玩闹起来，更别提花花、吉米和映真啦。

　　这也难怪！芽庄位于越南南部海岸线最东端，最出名的就是沙滩和蓝海。芽庄的海滨沙滩一望无际，细滑的白沙，潮平水清。海滩绵延数里，沙质洁白细腻，海水清澈透亮，特别适合海浴游泳和日光浴。游客们还可以乘船出海，观赏沿途的风景，随时享受温泉浴和矿泥浴。而芽庄的海底，有姿态优雅的珊瑚和各种各样的大小鱼，这些鱼色彩斑斓，还喜欢成群结队地追随在潜水者身旁，所以芽庄才会常年吸引来自世界各地的探险者。

"叔叔，那个是什么？"吉米被海面上矗立的高大架子吸引住了。

大胡子叔叔扭过头，看到蓝天碧海

间，红白相间的高大支架，以及支架上连接着的缆线和一架架缆车车体。"应该是缆车吧，大约是横跨海面的缆车。在半空中渡海，还可以俯瞰整个海景，创意不错吧。"

"听起来很不错的样子啊！叔叔，我们也去乘坐一次吧？"吉米嬉皮笑脸地央求着，惹得大胡子叔叔只想捏他的脸。不过这本来也是大胡子叔叔的意思，当然要顺便答应大家。

所以，当花花、吉米和映真兴奋地坐在晃晃悠悠的缆车上横跨大海时，别提多感谢大胡子叔叔啦！而在高空中，俯瞰开阔的蓝水晶一般的海面，欣赏着各种渔船在海面上的英姿、大大小小的渔场，以及兴高采烈的游客，也着实是一件幸福的事情。而远处的海面上，还矗立着几座小岛，翡翠一般散落在海面上，更是锦上添花。

"大胡子叔叔，我们也去潜水吧。"在缆车上看到很多人在船上准备潜水，花花也觉得十分有趣，下了缆车就也想下水玩一玩。最主要的是，芽庄的珊瑚很有名，看商店里出售的太不过瘾了，自己下水去采摘一块那多有成就感啊！

恰好吉米也看到了潜水，便和花花齐心协力央求，大胡子叔叔只好无奈地答应了："好吧，不过到水下你们必须跟在我身边，必须听话，不许潜游远了。"

"OK！"花花和吉米冲大胡子叔叔扮了个鬼脸，便愉快地跑到前面去了。只有映真一脸担忧，战战兢兢地跟着大家接受短暂的培训，穿上潜水服，潜入了海里。

当和大家一起徐徐潜入清凉蔚蓝的海水中时，映真就顾不上害怕和担忧了。海里的世界简直太美妙了。阳光被海水折射成无数个星星，在眼前不断地闪烁、耀动，仿佛置身在璀璨浩瀚的星空中。五彩的鱼儿游来游去，甚至亲昵地依偎在人的身边，一点都不知道害怕。

映真欣喜地感觉到自己置身于一个美妙的新奇世界里，五颜六色、千姿百态的海底生物层出不穷。成串的气泡，欢快地飞过耳际，映真发现自己也可以轻松地扇动脚蹼，自如地悬浮在水中这种感觉真是太美妙了！

　　扭头看看花花和吉米，他们也在快乐地游玩着，花花甚至追逐起灵动的小鱼来。如果不是在水里，映真一定能听到花花银铃般的笑声。映真发自内心地感激自己被他们拖来潜水。随后，他便全神贯注，开始真心体味水中世界的奇妙浪漫和自在开心。

　　只有大胡子叔叔比较累，因为四个人里只有他懂潜水，为了防止花花、吉米和映真出什么意外，大胡子叔叔顾不得细细欣赏海底的美景，只紧张地盯着他们三个人，生怕他们游出了自己的视线范围。还好映真比较懂事，打着手势告诉花花和吉米不能远离，大胡子叔叔才轻松一些。

芽庄的阳光可真令人舒服，在水里也并不感觉特别凉。不过大胡子叔叔不敢让大家潜游得太久，一会儿以后就打着手势让花花他们出来了。在专业人员的帮助下脱下潜水服，花花和吉米、映真都有些意犹未尽："真漂亮啊！真想多潜一会儿！"

"哈哈，海底世界的美丽不是这一小段时间就能全部领略的！我们现在还是去泡温泉吧，休闲养生又解压，顺便祛祛寒气。"大胡子叔叔更担心花花他们三个人的身体，没有好身体

怎么能好好玩呢?

　　"大胡子叔叔,还有泥浴? "在走向温泉的路上,花花
突然指着前面大叫起来。在他们四个人的前面,正是矿泥浴的
浴场,好多游人脱光了衣服,在矿泥里玩闹嬉戏,相互甩着稀
泥,每个人身上都是乌油油的泥,却都带着欢快的笑声。吉米
和映真也忍不住蠢蠢欲动起来。

　　"小丫头,又想玩了! "大胡子叔叔无奈地笑着,"泥浴
也不错,这些矿泥里含有丰富的胶体物质、有机物质和几十种
身体必需的微量元素,可以强身健体、美容保健。"

不过，花花可不管这些，她机灵地和吉米、映真使了个眼色，三个人就率先向矿泥浴场奔了过去，大胡子叔叔只好跟过去啦。当然，他因为被那三个小家伙联合起来抹了满身泥浆而狼狈不堪，都是后话啦。

芽庄的独特海风

美丽脱俗又含蓄内敛的芽庄，有着区别于其他海滨城市的别致特征：富含溴和碘的海风。溴和碘可以促进血液循环，有极强的保健作用，故而在芽庄的海滩上吹风，不仅仅是一种感官上的享受。而芽庄的海水和淤泥也因为含有丰富的有机矿物质和人体必需的几十种微量元素而闻名，每年吸引众多游客来到这里。

同时，芽庄作为一个秀丽的海滨小城，又拥有美轮美奂的海中世界，别致精美的珊瑚，让游客流连忘返。

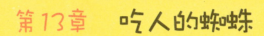

第13章　吃人的蜘蛛

"大胡子叔叔，我们要去哪里啊？这一路上，好多高大的松树哎，真壮观！"吉米的大呼小叫唤醒了昏昏欲睡的大胡子叔叔、花花和映真，大家透过车窗，看到外面

浓密的松林，在琥珀般透蓝的天空下，闪耀着迷人的光泽。

　　"我们要去的城市叫作大叻，建在海拔一千五百多米的高原上，周围都是一望无垠的松林。大叻最闻名于世的就是它洁净的花海湖泊、数目繁多的松林瀑布和四季如春的旖旎风光。百花盛开时的万紫千红，尤其吸引游人的目光。它的市中心有许多美丽的湖泊，市郊还有许多瀑布呢。无处不在的松林和湖泊，会让人们觉得像融进了大自然一般。而且，这里四季如春，一年四季的鲜花都争奇斗艳。"大胡子叔叔靠在车座上，笑眯眯地诱惑着三位小朋友。最后，他看着花花，高深莫测地笑着说，"这里的导游基本都可以说流利的英文，我们不会有交流障碍的。"

"大胡子叔叔！"花花有些窘迫地看着大胡子叔叔，不知道该如何是好。四个人里，她的英文最差，只会一些基本的交际用语。这下要被笑话啦。花花懊恼地盯着窗外，连整齐壮丽的松林都吸引不了她的兴致。而大胡子叔叔和吉米看着花花，都乐不可支，连映真都忍不住在笑。

　　到了环境优美的大叻市，花花仍然有些闷闷不乐，大胡子叔叔只好劝解她说："开心点啦，这么漂亮的地方，因不开心而无心欣赏多可惜！花花很喜欢童话对不对？大胡子叔叔带你住到童话世界里好不好？"

　　"童话世界，真的吗？那我可以当公主吗？"童话世界果然有诱惑力，花花立马有些期盼起来，在车上时的不开心顿时烟消云散了。

　　"只要你想，就可以。"大胡子叔叔一边肯定地说着，一边带大家坐上出租摩托车，奔向一个奇特的地方。

还没到地方，花花就远远看到了一些奇怪的动物：呲牙咧嘴的猴子，瞪着巨大黑窟窿眼睛的蜘蛛，温顺的长颈鹿，可怜楚楚的矮怪……仿佛就是童话世界里的动物大集合！花花的兴致顿时被调动起来："大胡子叔叔，那是什么地方？看起来好好玩的样子，我要去玩！"

　　"哈哈，那就是我们这几天要居住的地方——疯屋子。它是一家旅馆，你们可以挑选住到蜘蛛的肚子里，或者长颈鹿的脖子里，好玩吧？"疯屋子旅馆位于大叻市中心，所以交通便利，大胡子叔叔自然选择了这里作为歇脚地。

　　说话间，他们就到了疯屋子旅馆的门前，花花连行李都顾不上拿，就四处跑着欣赏，吉米和映真也忍不住跟着花花来回观看。疯屋子旅馆简直就

是开森林鬼脸派对的场地，各种稀奇古怪的动物都在欢乐地做着鬼脸，逗弄着游人的神经。

"大胡子叔叔，可不可以在蜘蛛网上穿过，然后住到蜘蛛肚子里？"吉米率先选择了场地，他凭借着对蜘蛛侠的喜欢，果断地选择了蜘蛛，"说不定，我也可以像蜘蛛侠一样，哈哈！"

"我才不要蜘蛛，吓死人啦。大胡子叔叔，我要住到长颈鹿的肚子里，长颈鹿多可爱啊！"花花央求地看着忙碌的大胡子叔叔，希望他能请前台漂亮的营业员订一间长颈鹿的房间。只有映真不动声色，对他来说，能在这里住就挺好的，哪里都很有意思。

"花花，不好意思，只有蜘蛛那儿还有房间，游人太多了。"大胡子叔叔抱歉地看着花花，有点懊恼自己昨天打

电话时，怎么只说要定四间房而没有说定到哪
里。不过，本来也是想给他们惊喜，昨天说了就没意思了。其
实大胡子叔叔也是对着映真的旅游指南连蒙带猜了许久，才发
现这里的。

　　"好吧，蜘蛛也不错，蜘蛛网很复杂哦，我们可以玩捉
迷藏啦！"看到大胡子叔叔的表情，花花赶紧表示没事，并率
先提着包走了进去。大胡子叔叔他们三个也跟着走进了神奇的
疯屋子。

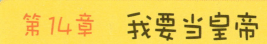

第14章　我要当皇帝

　　神奇的疯屋子旅馆晚上也很美丽。鲜花绿树恰到好处地装点着周围的空间，在合适角度的灯光的映照下，各种动物都活灵活现，简直就像森林里一场热闹非凡的聚会的前奏。

　　花花觉得自己就像行走在森林里的公主，动物们在举行欢迎自己的仪式。吉米则觉得自己像森林中整装待发的猎人，有太多的猎物唾手可得。而映真觉得自己就是一个绅士，和奇形怪状的动物们打着招呼。大胡子叔叔对那些奇怪的装饰情有独钟，看到花花他们三个那么开心，心里也是非常愉快。

正因为晚上玩得太晚，第二天早上大家都不约而同地起晚了。吃完饭，大胡子叔叔只能就近选择，带着三个兴奋的小家伙赶往保大三号避暑行宫。

大叻被称为"越南私藏的法国"，还真是名副其实！法式别墅的鲜艳色彩在城市里随处可见，街道两旁种植了多种花木，开得热闹非凡。而人工栽培和自然生长的各种鲜花争奇斗艳，有风兰、芍药、玫瑰、牡

丹、晚香玉……宁静的大叻市就是被这些天然锦绣装点得花团锦簇，热闹喜庆。这一路上，还真是让花花他们大开眼界！

避暑行宫在疯屋子向南三百米处，所以没走多久，他们就看到了一座浅黄色的平顶二层小楼，简约的风格很是令人赏心悦目。不过这栋行宫带有围墙，在外面时，除了围墙和美丽的园林，并不能看到更多的东西。

只有进入大门，花花一行人才看到，保大三号避暑行宫分明就是一个大院。院子里种满了各种花木，还有许多草木开出或粉或紫的花朵。曲折的回廊和高大的松木将院子装点得幽静、完美。而主楼是一栋两层的鹅黄色小楼，朴素简单的样式、清晰简洁的线条，在宝石一样的蓝天下，显得别样温馨。

这个建于1933年的行宫，是越南末代

皇帝保大的避暑行宫。所以行宫的外部虽然不起眼，内部装饰得却极为奢华完整。阳光透过宽大的窗户，安稳地落在轻纱般的白色窗帘上；造型优美的盆景架上，高高低低地摆放着各种花卉；地板光洁明亮，乳黄色的椅子上是红丝绒的垫子，围绕着乳白色桌布铺就的圆桌，别提有多优雅了！卧室里还摆放着整套的卧具，古老的样式经典华贵。

　　"这里面的家具和床上用品什么的，都是保大皇帝时期保留下来的。保大是最后一任越南封建帝王，所以年代不是特别久，保存得也比较完整。"大胡子叔叔笑眯眯地提醒着，花花他们三个一听，果然更来劲儿了，一间间房屋观察

得更为仔细。

　　"真是漂亮啊！当皇帝就是好，一个避暑的行宫都这么漂亮。"吉米羡慕不已地咋咋舌，接着说，"闹得我又想当皇帝了。"

　　"吉米还是不死心。"大胡子叔叔微笑着看着吉米，说，"那你就当一次皇帝吧，跟我来！"说罢，大胡子叔叔就往楼下走。花花一听吉米都可以当皇帝了，顿时来劲儿了："大胡子叔叔，我也要当公主！"说罢，就跟着冲下楼去。到楼下，大家才发现大胡子叔叔说的当皇帝的地方，就是在一楼的一处拍照处。在这里，游客们可以穿上帝王或妃子的服装来拍照。

而这些衣服，都很像中国古装剧里，帝王后妃臣民们的衣服，虽然不是太明白应该属于哪个朝代，不过不管怎么样，这里都是在保大皇帝的行宫里啊。吉米还是乐滋滋地穿上了一套松松垮垮的帝王服装，在行宫里留下了影像。而花花毫不客气地选择了一套淡黄色的公主服饰，四处拍照。而映真在大胡子叔叔的劝说下，才羞涩地挑了一套大臣服饰，和花花、吉米一起玩闹着，留下了珍贵的纪念。

　　不过，拍完照片，花花和吉米也还是不舍得脱掉身上的衣服，继续穿着在行宫里四处跑。花花把裙子束了起来，还显得

没那么糟糕，而吉米就惨了。他穿的衣服本来就偏大，又没办法收进去，只好拖在地面上，来来回回地跑，就像在拖地。所以，行宫里的游人们就看到了这样的一个欢乐场面：一个穿着拖拖拉拉的宽大帝王服饰的男孩子蹦蹦跳跳四处乱跑，而同时一个淡黄色裙衫的女孩儿也跟着奔跑嬉闹，后面再有一个韩国男孩儿和一个高大的美国人气喘吁吁地跟着，别提多热闹啦！

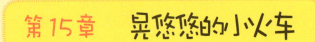

第15章 晃悠悠的小火车

"咦，这是什么地方，这么漂亮？哇，那里有古老的小火车哎，'突突'地喷着气跑过来啦！"花花被前方遥遥望见的明黄色和橘红色交错的绚丽建筑惹得心里直痒痒，真想飞过去看看那里究竟是什么。而离他们不远，恰好有一辆灰黑色小火车晃悠悠地开过来。小火车的车头十

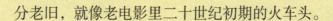

分老旧，就像老电影里二十世纪初期的火车头。

"好像越南人挺喜欢黄色和红色，我记得顺化皇宫的主要颜色也是黄色和红色！"不同于花花到哪里都只想着玩，映真观察的更为仔细一些，才能好奇地询问大胡子叔叔。

"这个……"大胡子叔叔窘迫地挠挠头，想了想也不知道怎么回答，只好实话实说，"我也不知道。不过这个火车站是法国人建造的，我只记得法国的老建筑也喜欢用这两种色调。越南人在历史上和中国交好，因此在文化等很多方面和中国很像。后来又融入了占婆族和法国人的文化。所以，总体来看，越南整体的建筑风格可能表

现得有些复杂。"

"哦，原来是法国人建的，难怪这么富有浪漫主义情怀。"吉米突然煞有介事地插嘴。

"你知道什么叫浪漫吗？肯定又是不懂装懂啦。"听了吉米的言论，花花几乎是下意识地反驳，虽然她也觉得这座以橘红和黄色为主调的火车站很有几分艳丽的温柔。

"法国人天性浪漫嘛，所以只要是法国人建的，肯定有浪漫元素在里面啊。"吉米的歪理惹得大家一阵大笑。只是说笑间，火车站已经到了面前，所以大家都没顾得上吉米，而是将注意力放到了美丽的小站上。

这座古老的法式火车站被保护得非常完好，经过这么多年的风雨，还是

这么的艳丽夺目。火车站正面有三个尖尖的屋顶和排列整齐的彩色玻璃，那鲜艳的色泽彰显着古老的异国风情。两条齿状的铁轨蜿蜒着爬向不知名的地方，让人心里充满好奇而浪漫的猜想。

"大胡子叔叔，我们也坐坐火车吧。说不定，这里也通向一个美丽的避暑山庄呢！"花花蹦蹦跳跳地跑过来，睁着美丽的大眼睛，期待地看着大胡子叔叔。

"嗯，不过还得等一会儿，火车回来了我们才能买票上车哦。"大胡子叔叔笑眯眯地摸了一下花花的头，表达他对花花的亲昵，不料却遭到了旁边一位身着越南民族服装的年轻女子的注目。

女子犹豫了一下，还是走过来对大胡子叔叔小声说："先生，您不知道吧。在越南是不允许摸别人的头的。小孩子的也不行，您虽然是游客，还是要尊重一下本地的风俗。"

"哦，对不起对不起，我一不小心忘了这回事。谢谢你的提醒，你是个好心人！"大胡子叔叔像个做错事的孩子，连忙向那女子道谢，女子摆摆手走远了，大胡子叔叔还在嘟囔着感谢，让花花、吉米和映真笑了好一阵儿。

在参观了美丽的火车站后好一会儿，小火车才晃悠悠地回来。大胡子叔叔买了票，就带着三个对新鲜事物充满新奇的小家伙登上了小火车。小火车的车厢内也是古老的模样，坐在里面，仿佛就像回到了20世纪初期。

"我感觉自己就像中世纪的法国公主，乘坐着火车要到一个美丽的地方度假。"花花高

兴地闭上眼睛，心满意足地想象着。

　　这份情绪感染了吉米、映真和大胡子叔叔，大家都闭上了眼睛，想象着自己是中世纪的贵族，端坐在晃晃悠悠的火车上，奔赴一个未知的美丽地方。这种感觉太棒了，惹得大家都不愿意睁开眼睛。还是在开车后，大胡子叔叔睁开眼睛看到车窗外的美丽风景，招呼大家欣赏，吉米、花花和映真才从想象中抽离了出来，开始欣赏沿途的美景。

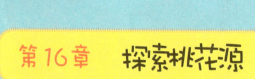

第16章　探索桃花源

　　"大胡子叔叔，你不是说要带我们去一个世外桃源一样的地方吗？怎么半路就下车了？"虽然周围有青翠山峦、繁茂盛开的鲜花，但映真并不认为仅仅凭这些，就能称得上桃花源。昨天晚上，大胡子叔叔声情并茂地讲了很久，才把关于桃花源

记的故事给大家讲明白，映真自然不会忘记。

"去桃花源得经过一个山洞嘛，说不定从那里往山中走，我们也能发现一个越南的桃花源。那我们到时候是不是也要留下来住几天啊？"花花越说越来劲儿，似乎发现一个世外桃源是十分简单容易的事情。

"那个打渔人是太幸运了好不好？我可不觉得你有那么好的运气。"吉米一如既往地泼着花花的冷水，这两个人简直一天不斗嘴都不行。

大胡子叔叔被花花吃瘪的表情逗得哈哈大笑，说："不用你们来发现，这里有现成的桃花源。走咯，跟上哦！"说罢，他便率先从一个缺口处出发。

大胡子叔叔要带大家去的达坦拉瀑布就

　　在大叻20号国道边上，入口是山顶。进入景区要先穿过雨林，再沿着一段陡峭的下坡路才可以看到位于半山腰的瀑布，当然也可以乘坐索道到达。不过雨林风光那么迷人，大胡子叔叔可不愿意大家错过。公路在山顶上，所以大胡子叔叔带的路等于就是下山。热带雨林很是茂密，纵然有条小路弯弯曲曲的蔓延，茂密的枝叶和高高的茅草却几乎覆盖掉小路。幸亏大胡子叔叔提前嘱咐要穿长袖长裤，花花、吉米和映真才没有被那些叶子枝条划伤。

　　从山顶上看，郁郁葱葱的树木绵延不绝，雨林风光美不胜收。下山路非常不好走，有一段山坡极其陡峭，吉米和映真都行走得有些困难，更别提花花了。不过，因为这片区域并没有被肆意开发和破坏，林子里花木繁多，蜂蝶群舞，各种鸟儿也在欢唱着，鸟语花香的环境很让大家喜欢。大胡子叔叔还折了三段树枝给他们当拐杖，好让他们行走得轻松一些。

快走到半山腰上时，终于隐隐约约听到了"哗哗"的水声，大胡子叔叔一阵高兴，激动地说："你们听到水声了吗？加油哦，我们快到啦！"

"很像瀑布的声音啊，大胡子叔叔，你说的世外桃源就是半山腰上的瀑布吗？"映真好奇地询问着。花花和吉米则把疑惑的目光投向大胡子叔叔，他们俩已经累得快要说不出话来了。

　　"嗯，就是达坦拉瀑布。不过这片雨林里的风景也是一部分嘛，你们看这里多漂亮！"大胡子叔叔陶醉地说，一边还露出赞叹的笑。

　　"嗯，的确是很漂亮，也算没有白白累成这样。"花花擦了把汗，便继续努力地向前走，因为美景，似乎也觉得没那么累了。

不多时，一幅壮观的山中瀑布的图景便呈现在大家面前。夹在山体中、包裹在葱茏的树林里的瀑布孤傲张扬，翻腾的白色水花并不因为游人的到来而有所收敛。空气因为包含了瀑布的水汽，变得甜津津、凉丝丝的，不时还有调皮的小水珠蹦到大家的脸上。花花和吉米、映真都有些激动，呆呆地站在瀑布前看着，任由水滴溅湿了衣服和头发。直到大胡子叔叔大声呼喊，三个人才从轰隆的水声中清醒，坐到大胡子叔叔找到的平坦的地方休息。

　　当大家坐下，伴着瀑布的奏鸣声吃东西时，不时会有蝴蝶飞过来，落到大家的衣服上和头发上，把花花高兴得咯咯直笑："我要变成香妃啦！"

　　"香妃是谁？"映真一脸好奇，看吉米和大胡子叔叔也是一副迷惑的样子，三个人便默契地把询问的目光投向了花花。

　　"香妃就是中国历史上一个皇帝的妃子，因为她天生身上就带着香味，所以叫香妃，蝴蝶都喜欢跟着她飞舞。"花花解释完，便自顾自地跟蝴蝶们玩了起来。吉米和映真也觉得非常有趣，都忍不住追逐着蝴蝶，在瀑布的轰鸣声中嬉闹玩笑起来。

第17章　富国岛之旅

　　"这是我们此行的最后一个目的地——富国岛了！"大胡子叔叔感慨良多，不知不觉，他们竟然快把越南走了一遍。

　　"这么快就要结束了！"映真和花花都有些怅然，不过很

快又高兴起来，这一次旅行的结束，同时也意味着下一次旅行的开始嘛！

"那就让我们快乐地游玩富国岛，给越南旅行做一个完美的结束吧！哦！"吉米欢呼着，踢起脚下的沙粒，阳光下的金沙滩温暖多情，简直就是一张温暖的大床。而花花和映真，还有大胡子叔叔都正躺在沙滩上享受温暖的日光浴。

"对了，大胡子叔叔，你还是没有找到满意的咖啡啊！"映真突然想起来大胡子叔叔的咖啡，不好意思地看着大胡子叔叔，大家都只顾得游玩了，根本就忘记了大胡子叔叔还要挑选咖啡的事情。

"哈哈，真不错，还能想起来！在西贡我已经买过啦！放心地玩吧。"大胡子叔叔突然坐起来，看着懒洋洋的映真和花花，大叫起来，"起来吧，我们去看看鱼露的制作。富国岛的鱼露最出名了，各地小吃的酱料里都含有鱼露呢！"

"鱼露是什么？"听到自己不熟悉的东西，花花忽地翻身起来，好奇地问。

"嗯，就是味道非常鲜美的一种调料，用小鱼小虾或者鱼的下脚料发酵得到的。走咯，吉米，跟上啦！"大胡子叔叔呼唤着在远处沙滩上游玩的吉米，慢慢地开始往酒店走。

富国岛的鱼露极其有名，而这也是有原因的。这里的渔民为了生产出传统的美味鱼露，专门建立了黑黝黝的仓库，并在里面放置好巨大的木桶。他们将捕到的小鳀鱼放进大木桶里发

酵，为了味道能够纯正，这些鱼必须被发酵一整年。然后，那些发酵的液体必须再经过加工处理，以产生一种黏稠的金黄色液体。

因为发酵期足够长，这种鱼露自然与花花他们在越南其他地方吃到的都不同。气味腥辣，口味纯正的富国岛鱼露，要胜过越南本土其他地方所产的任何鱼露。

晚上，在清凉的海风中，大胡子叔叔慷慨地宴请花花、吉米和映真。烧烤架上烤着新鲜的螺、墨鱼、鱿鱼等海鲜，再用纯正的鱼露调制好配料，哇，真是太美味了！大胡子叔叔和花花、吉米、映真都吃得不亦乐乎，而各种水果现榨的果汁更是酸甜可口，富国岛的生活太惬意啦！

映真吃饱了，就直接躺到了沙滩上眺望海面。夜晚的大海一片苍茫，只有遥远的海上闪烁着点点渔火——勤劳的渔民们还在辛勤的劳作。只有用心经营、勤奋努力，才能有这样丰富的生活啊！伴着习习海风和吉米、花花的欢笑声，映真感觉到了一份久违的宁静。

"大胡子叔叔，我们还会来越南吗？"大胡子叔叔提着一瓶啤酒坐到映真身边，隐隐生出一些不舍的映真，突然生出了几分惆怅的感觉。

"随时可以啊！世界之大，美丽的地方太多太多了，我们再赶时间再努力，也不可能都去领略一遍。在喜欢的地方可以多驻留一段时间，但是不要停下脚步哦。"大胡子叔叔微微一笑，拍了拍映真的肩膀，算作安慰，"你看吉米和花花，在那闹得多开心，你也一起去玩玩吧，一个人闷坐着多不好。"

"嗯！"大胡子叔叔的话，映真并不是十分领悟，但是听起来很有哲理，映真就点点头，记在了心间。他冲大胡子叔叔灿烂地一笑，站起身来，跑去加入了花花和吉米玩闹的行列。

他们玩得非常开心，但无论什么事情，都有结束的时候。几个孩子在离开越南的时候心中都有些恋恋不舍，但他们更期盼的是，下一站，大胡子叔叔会带着他们去哪里旅行呢？